ACQ. 46.194
LABÉDOYÈRE

AUX
TRIBUNAUX.

Par Danton
Ministre de la Justice
19. aoust 1792.

MM. les Juges, & Commiſſaire National du Tribunal
du Diſtrict d

Paris, ce 19 Août 1792, l'an 4.e de la Liberté & de l'Egalité le 1.er,

AUX TRIBUNAUX.

LA cour avoit renoué fes trames ; un vafte complot vient d'éclater dans le château des Tuileries, & d'avorter au moment même de fon éruption, étouffé par le courage des fédérés des 83 départemens & des 48 fections de la capitale. Après un combat fanglant, le defpotifme & l'ariftocratie ont été forcés dans leurs derniers retranchemens ; le palais de Louis XVI a été emporté d'affaut. Les bandes des chevaliers du poignard & le régiment des Gardes-Suiffes font détruits. Dans les fecrétaires, les porte-feuilles, les archives du château, il s'eft trouvé une foule de preuves de la plus infâme perfidie & des plus noirs complots. Enfin tous les crimes font découverts, prouvés

A

matériellement & juridiquement. L'infurrection à jamais mémorable du 10 août, cette infurrection fainte & mille fois heureufe a levé tous les mafques, a défillé tous les yeux. Aujourd'hui il n'y a plus de partage d'opinion dans la capitale ; demain il n'y en aura plus dans l'Empire. Déjà le commandant-général & nombre de traîtres également convaincus, fugitifs, avouant tout, faifis les mains pleines de preuves accablantes de leur fcélérateffe, ont payé la trahifon, de leurs têtes. Les preffes contre-révolutionnaires qui, du fein de Paris, ont vomi dans l'Empire tant de calomnies & de libelles, font confumées, & leurs caracteres difperfés & jettés au vent. Une commiffion provifoire des 48 fections a remplacé le confeil général de la commune. L'infurrection a eü fa municipalité, & l'affemblée nationale a fanctionné, au milieu des applaudiffemens, ce fupplément devenu fi néceffaire de la révolution du 14 juillet. Les juges de paix, le département, les miniftres font deftitués. Le roi eft fufpendu ; Louis XVI eft en ôtage à la tour du Temple.

Le peuple français a nommé de nouveaux miniftres par l'organe de fes repréfentans. Dans le danger de la patrie, je n'ai pu refufer de leurs mains les fceaux de la nation & un miniftere qui aupara-

vant offert par un roi parjure & profondément
dissimulé, & confié par lui, une fois seulement, à
des patriotes à qui il l'avoit bientôt retiré, com-
mençoit à n'être plus, pour ceux qui l'acceptoient,
qu'une note d'infamie, & le signe le plus certain
auquel la nation pût reconnoître un ennemi & un
contre-révolutionnaire.

Dans une place où j'arrive par le suffrage glo-
rieux de la nation, où j'entre par la brèche du
château des Tuileries, & lorsque le canon est
devenu aussi la derniere raison du peuple; vous
me trouverez constamment & invariablement le
même président de cette section du Théâtre Français, qui a tant contribué à la révolution du 14
juillet 1789, sous le nom de district des Corde-
liers, & à la révolution du 10 août 1792, sous le
nom de section de Marseille. Les tribunaux me
trouveront le même homme, dont toutes les pen-
sées n'ont eu pour objet que la liberté politique
& individuelle, le maintien des lois, la tranquillité
publique, l'unité des 83 départemens, la splen-
deur de l'état, la prospérité du peuple français,
& non l'égalité impossible des biens, mais une
égalité de droits & de bonheur.

Le ministre de la justice ne sauroit vous dis-
simuler qu'un trop grand nombre d'entre vous

mérite les mêmes reproches que le ministre de l'intérieur vient d'adresser à la plupart des corps administratifs.

La liberté conquise le 14 juillet eût pu s'affermir en six mois & sans effusion de sang sur des fondemens inébranlables. Le peuple français n'avoit pas besoin d'envoyer des Décemvirs recueillir au loin les lois des peuples renommés par leur sagesse; nous avions au milieu de nous Mably & Rousseau, ces flambeaux immortels de la législation : & s'ils avoient laissé à l'esprit humain quelque chose à méditer de plus pour la liberté & le bonheur du monde, une convention nationale; qui pouvoit encore, après ces deux grands législateurs, consulter des suppléans tels que Locke, Montesquieu & Franklin, avoit moins besoin de génie que de bonne volon.é.

Mais, est-ce la plupart des fonctionnaires constituans ou constitués, qui pouvoient vouloir un tel ordre de choses? Non. Il n'y a que tout ce qui étoit peuple qui pût aimer la révolution; & le peuple cherchant ses nouveaux magistrats, & au lieu de jetter les yeux autour de lui, les portant naturellement dans la foule sur les hommes en place, & qu'il remarquoit mieux sur un lieu déjà élevé, a cru à quelques signes de patriotisme,

par lefquels ces hommes captoient fes fuffrages,
& il en a compofé fes tribunaux. Il a donc remis
la garde des lois entre des mains qui, ayant déjà
pefé les faveurs de l'ancien régime, ont trouvé
légéres les faveurs du peuple. Accoutumés d'ail-
leurs à une magiftrature qui étoit, pour ainfi dire,
perfonnelle, & qui fuivoit, dans la fociété, celui
qui en étoit revêtu, ils devoient fe faire diffici-
lement à une magiftrature qui tenoit, non plus à la
perfonne, mais à des fonctions d'un moment, qui,
dès qu'on en a dépofé les marques, en defcen-
dant du tribunal, vous laiffe fimple citoyen, vous
rend à l'égalité & vous perd dans la foule.

La cour à fu tourner ces difpofitions du cœur
humain au profit du defpotifme. D'abord, un
miniftre de la juftice, Champion de Cicé, avoit
cru que pour faire la contre-révolution, il falloit pa-
ralyfer les tribunaux, afin que le peuple dît à ce
paralytique de fe lever & de marcher ; mais
comme la nation ne fe preffoit pas beaucoup de
demander à fes repréfentans qu'ils redonnaffent
le mouvement au pouvoir judiciaire, ce plan
été bientôt abandonné par les fucceffeurs du
miniftre, qui ont cru aller plus vîte à fon but
fi, en rendant eux-mêmes la vie aux tribunaux,
ils leur imprimoient des mouvemens dans le fens
de la contre-révolution.

A 4

'Ainſi, il demeure prouvé aujourd'hui que le plus puiſſant levier de la contre-révolution, celui ſur lequel la cour eſpéroit le plus, étoit dans les prêtres non-aſſermentés, par leſquels elle agiſſoit ſur les conſciences; & le miniſtre de la juſtice vous adreſſoit des circulaires, pour vous recommander la défenſe de ces prêtres contre ce qu'il appelloit *les vexations & la tyrannie des factieux*, & pour juſtifier indirectement la protection que leur accordoit contre *la violence des factions*, un *veto* ſéditieux.

Ainſi, il demeure prouvé que le plus puiſſant levier de la révolution, le plus ferme rempart de la liberté, étoient les ſociétés populaires, & les écrivains courageux dont la correſpondance et le fanal avertiſſoient, en un moment, la nation entiere des marches & contre-marches nocturnes de ſes ennemis; & le miniſtre de la juſtice ne vous adreſſoit des circulaires que contre les ſociétés populaires & pour vous inviter à *réprimer ces éternels agitateurs du peuple, qui ne cherchoient qu'à perpétuer l'anarchie, ces écrivains vendus, ces ſcélérats qui criant ſans ceſſe à la trahiſon, briſent le reſſort du gouvernement & décrient les adminiſtrateurs & les chefs les plus patriotes.*

C'eſt ainſi qu'en ſollicitant à la fois des tribunaüx

& l'intolérance des opinions politiques, qui ne parlent qu'à la raison, aux ames fortes & aux paſſions nobles, & la tolérance du fanatiſme religieux, qui n'agit que ſur l'immagination, & la foibleſſe, qui, comme l'eau, ne gagne que les parties baſſes, & ne tombe que dans les ames ſerviles & ſuperſtitieuſes ; des miniſtres, ou conſpirateurs, ou inſenſés ſe ſervoient de vous pour incliner la pente de la ſuperſtition & de la ſervitude.

Vous n'attendez pas de moi de ſemblables circulaires, où je vous enjoigne de déployer le courage et la fermeté contre les meilleurs citoyens, où je tâche de vous aguerrir contre les mouvemens populaires & de trop juſtes murmures, & de verſer dans l'oreille du peuple par le canal de ſes juges, ces fauſſes opinions, que *Louis XVI aime la liberté & la conſtitution.* Quel ſera l'organe de la vérité, chez une nation, ſi ce n'eſt le miniſtre de la juſtice, dont les fonctions ont principalement pour objet l'éclairciſſement de la vérité? Devenu cet organe, je la tranſmettrai aux départemens, pure, toute entiere, & ſans ces ménagemens puſillanimes que repouſſe mon caractere, & qui ne conviennent point à la dignité du miniſtere qui m'eſt confié par une nation de 25 millions d'hommes, la plus libre & la plus puiſſante de l'univers.

Dites aux citoyens : que ce général, que mes prédécesseurs appelloient le chef le plus patriote, l'assemblée nationale vient, non seulement de le décréter d'accusation, mais d'ordonner à tout citoyen & soldat de s'assurer de sa personne par tous les moyens possibles.

Dites leur, que les comptes de la liste civile trouvés chez M. Laporte, & que l'assemblée nationale a ordonné qui seroient imprimés, publiés & lus au prône, montreront à toute la France, quels étoient les écrivains vendus & scélérats.

Dites leur, que deux années d'avance de la liste civile ont été consumées à fournir aux frais d'impression des libelles aristocratiques, pour maintenir le désordre, avilir les représentans de la nation, souffler la guerre civile & décrier les assignats.

Dites leur, que les papiers trouvés dans le porte-feuille du roi, dans le secrétaire de sa femme, vont montrer si c'étoient de fausses terreurs que celles dont les sociétés populaires remplissoient la nation ; que, chaque jour, s'accumulent au comité de surveillance, les preuves des plus affreux complots ; qu'il est prouvé par des *Bons* signés de Louis XVI, que ce roi parjure payoit encore les mois derniers ses quatre compagnies

des gardes du corps à Coblentz ; qu'il est prouvé
par un plan concerté entre ses ministres & quelques constituans, qu'ils trahissoit la nation ; &
par les lettres de ses deux freres, qu'il trahissoit
même ses ministres & les constituans traîtres.

Dites leur, qu'il est prouvé que les mouvemens du 20 juin, dont Lafayette a fait tant de
bruit, ont été excités par lui-même ; que la cour
n'attendoit que le moment de profiter de l'égare-
ment d'une partie de la garde nationale & des
suisses, pour se baigner dans le sang du peuple ;
que l'ordre donné par le commandant général
Mandat, par Rulhieres, le commandant de la gen-
darmerie, prouve que les conjurés voyoient se
lever ce jour comme le dernier des patriotes ;
que le premier coup de canon devoit être tiré
du château ; que le matin, Louis XVI avoit passé
en revue les suisses & les gardes nationales qui
s'y trouvoient, & s'étoit fait saluer de tous, par
le cri de guerre de Coblentz, le seul cri de vive
le roi !

Dites leur, que les suisses sortoient au devant
des Marseillois ; que ceux-ci, attirés par des si-
gnaux de patriotisme & des cris de vive la nation ! s'étoient portés au quartier des suisses &
recevoient leurs embrassemens ; que la place du

Carrouzel, couverte des fédérés des 83 départemens & des 48 sections présentoit le désordre
d'un camp éloigné de l'ennemi & sans défiance,
où les rangs étoient confondus ; une multitude
de soldats, assis par terre, prenoit leur repas, ou
succomboit au sommeil, lorsque le régiment des
gardes suisses, au moment où les fédérés leur
serroient la main, au milieu de ces embrassemens
fraternels, a fait sur eux & sur les sections la plus
terrible décharge de canons & de mousqueterie.

Dites-leur, qu'indignés de cette trahison, les fédérés, le peuple de Paris & les bataillons de la
garde nationale se sont précipités sur les suisses
& les chevaliers du poignard revêtus de l'habit
de garde nationale, qu'ils ont enfoncés & exter-
minés.

Dites leur que Louis XVI s'est perdu dans
l'esprit même des royalistes, lorsque, pendant
que ses plus vieux courtisans couvroient de leurs
corps la porte de son cabinet, où ils le croyoient;
lui, par une porte de derriere, fuyoit avec sa
famille à l'Assemblée nationale où, ce n'est que
lorsqu'il s'est rendu, que les suisses ont commencé
à faire feu.

Un décret de l'Assemblée Nationale vient d'en

velopper, dans une fuppreffion commune, tous
les commiffaires du roi, nommés la plupart par un
miniftere émigré ou décrété d'accufation. L'inci-
vifme de beaucoup de juges a excité également
de grandes préventions contre les tribunaux. Les
juges du Sixieme Arrondiffement de Paris avoient
donné le fignal de la perfécution contre les amis
de la liberté, & cet exemple a trouvé tant d'imi-
tateurs dans les départemens, qu'il s'eft élevé un
cri général pour demander le renouvellement des
tribunaux. Ce cri a retenti plus d'une fois dans
l'Affemblée Nationale. Cependant la correfpon-
dance de miniftres conjurés pour vous endormir
& épaiffir les ténebres autour de vous, peut, en
quelque forte, en excufer la plupart, que la dif-
tance des lieux & la gravité de la profeffion, éloi-
gnoient de la connoiffance des intrigues contre-révolutionnaires du château des Tuileries. Maintenant que la vérité des trahifons que nous avions
dénoncées, brille dans tout fon éclat; maintenant
que vous êtes pénétrés & comme inveftis de fa
lumiere, maintenant que vous voyez, empref-
fez-vous d'éclairer ceux à qui vous êtes chargés
de difpenfer la juftice fur ces faits dont la connoiffance vous eft tranfmife miniftériellement. Il
eft encore en votre pouvoir de reconquérir la
bienveillance nationale. Imitez le tribunal de caf-
fation & les tribunaux de Paris. Jurez l'égalité; fa-

licitez l'assemblée nationale de ses décrets libérateurs; tournez contre les traîtres, contre les ennemis de la patrie & du bonheur public, le glaive de la loi qu'on avoit voulu diriger dans vos mains contre les apôtres de la liberté. Que la justice des tribunaux commence, & la justice du peuple cessera!

Le Ministre de la Justice.

Danton

De l'Imprimerie d'A.-J. GORSAS, Imprimeur du Département de la Justice, rue Tiquetonne, n° 7.